LE DIVORCE

AU TRIBUNAL DE LAON

Par A. COMBIER.

Laon. — Imprimerie A. CORTILLIOT ET Cie.

—

1889.

LE DIVORCE

AU TRIBUNAL DE LAON

Par A. COMBIER.

Laon. — Imprimerie A. CORTILLIOT ET Cie.

—

1889.

(C.)

DU MÊME AUTEUR :

Extrait du Bulletin de la Société académique de Laon.

LE DIVORCE AU TRIBUNAL DE LAON

I.

DE 1792 A L'AN XIII.

La loi du 20 septembre 1792 a institué le divorce
en France. A peine fut-elle promulguée que de nom-
breuses demandes se produisirent. Mais en nous ex-
primant ainsi nous nous trompons peut-être. Si nous
en croyons, en effet, le législateur, lui-même, et nous
devons le croire, « déjà (avant cette loi) plusieurs
époux n'avaient pas attendu, pour jouir des avantages
de la disposition constitutionnelle suivant laquelle le
mariage n'est qu'un contrat civil, que la loi eût réglé
le mode et les effets du divorce. » Ainsi, selon le législateur, plusieurs époux se seraient quittés, ou, mieux,
auraient divorcé, en vertu de la constitution de 1791
et avant la loi de 1792, sur le divorce !

Est-ce par devant notaire ? Est-ce devant l'officier de
l'état civil que se serait accomplie cette dissolution du
lien conjugal ? Le législateur ne cite point d'exemple.
Il est naturellement dans son rôle, en ne constatant

qu'un ensemble de faits. On est porté à croire qu'en l'absence de toute procédure certains époux se sont contentés de se séparer simplement, l'un de l'autre, de liquider leurs intérêts civils soit amiablement, soit par devant notaire, soit, peut-être, même judiciairement !

A cette époque de confusion et de rénovation, tout était possible au civil comme au criminel, et nous avons montré, autre part, (1) quelle anarchie a régné pendant un moment, dans l'administration de la justice criminelle.

Nous avons vainement cherché un de ces divorces, avant la lettre, auxquels fait allusion le législateur, nous n'avons pas encore pu en relever la trace.

Aussi ne nous attachons-nous qu'aux divorces légalement prononcés depuis la loi du 20 septembre 1792.

Chose remarquable, presque tous les premiers divorces prononcés en 1792, l'ont été pour émigration. — L'émigration était, en effet, une des causes déterminées, visées par la loi.

Ce sont les femmes nobles de notre contrée qui, pour la plupart, ont provoqué l'instance. On sait qu'elles avaient des sentiments chrétiens, et qu'elles considéraient les événements comme essentiellement transitoires. Aussi, est-on en droit de penser que, à leurs yeux, la dissolution du mariage prononcée était fictive. Elles se soumettaient aux lois de l'époque,

(1) La *Justice criminelle* à Laon pendant la révolution.

pour en bénéficier au point de vue des intérêts matériels Il importe de rappeler d'ailleurs que la séparation de corps était abolie. Elles ne pouvaient donc pas agir autrement. Mais, au fond de leur cœur et au regard de leur conscience, le lien n'était pas rompu. Cela nous paraît d'autant plus certain que nous avons ouï dire qu'à Laon, même, une noble dame, ainsi divorcée, n'avait pas cessé de *hanter et de fréquenter* son mari, revenant de temps en temps en cachette, et qu'elle en avait eu deux enfants, depuis le divorce prononcé.

Du 30 octobre au 24 novembre 1792 il y eut quinze divorces pour cause d'émigration entre les personnes ci-après désignées: M. Ballet et Mlle de Lance ; M Bisbaud et Mlle Esmangard ; M. Delafond et Mlle Maupas; M. Chevalier dit Watigny et Mlle Pourier ; M. Bournonville et Mlle Parat ; M. L'Eleu et Mlle Martin ; M de Lagarde de Saignes et Mlle de Bignicourt ; M. de Bignicourt et Mlle de Bioy ; M. Offarelle et Mlle de Lagarde de Saignes ; M. D'Hennezel dit Dormoy et Mlle Bigot ; M. Cadot et Mlle Bignicourt ; M. Cadot et Mlle Poitevin ; M. Baillot dit Préchateau et Mlle Martin ; M. Le Carlier dit Colligis et Mlle Martin ; M. d'Y et Mlle de Maquerel. Dans tous les actes relatifs à ces divorces, on s'est abstenu autant qu'on l'a pu, de toute qualification nobiliaire et même de la particule, qui, en fait, horripilait le jacobin, quand, en droit, elle pouvait ne pas avoir de signification.

Le Tribunal de famille et les témoins sont presque

toujours les mêmes personnes; et en moins d'un mois ces 15 divorces sont réglés, ce qui dénote bien une entente préalable et les préoccupations pratiques, purement momentanées, que nous signalions tout à l'heure.

Toutes ces demandes sont faites, comme on le voit, par des femmes de la meilleure condition. La plupart se contentent de mettre en avant la question d'Emigration.

L'une d'elles, et l'une des premières, madame Maupas, donne plus d'étendue à sa pensée. « Elle est empressée, dit-elle, de soustraire ses biens aux dangers et aux pertes que pourrait entraîner l'absence de son mari. Elle a, antérieurement à la loi, provoqué sa séparation de biens qui a été prononcée. Mais il est intéressant, pour elle, de profiter du bénéfice de cette loi, de rompre tous les liens qui l'unissent à son mari, et de sauver sa personne, ses enfants et ses biens de la responsabilité qu'entraînerait une plus longue union avec lui. »

Quoiqu'elles ne s'expliquent pas aussi longuement, nous pouvons aisément conclure que les autres demandes reposaient sur les mêmes motifs. La sauvegarde des intérêts matériels est donc bien, nous le répétons, l'unique cause de ces divorces, amenés par les événements, et pour ainsi dire des divorces forcés. Notons en passant, que l'un d'eux, celui de Mᵐᵉ de Bignicourt fut prononcé par Andrieu, curé assermenté d'Evilly, qui était, en même temps, maire de la commune. Ici, comme toujours, il faut faire la part du temps et des circonstances.

Mais quand les émigrés rentrèrent soit à la suite de radiation des listes, soit à la suite d'amnisties, quand, surtout, le divorce fut aboli en 1816, comment furent considérés ces divorces pour cause d'émigration ? C'est là une grosse question compliquée de questions de mort civile que nous n'approfondirons pas. Elles ont occupé le législateur et les tribunaux pendant près d'un demi-siècle. L'amnistie de l'an X, la loi du 26 germinal an XI, qui maintenait les divorces, un avis du Conseil d'Etat, qui n'autorisait les émigrés et absents rentrés qu'à examiner s'il existait un acte de divorce revêtu de la forme extérieurement matérielle, la loi du 5 décembre 1814, et même la loi du 27 avril 1825 faites tout en faveur des émigrés, enfin, la jurisprudence interprétative de ces lois, ont plus ou moins éclairé ou résolu ces questions d'état si ardues et si regrettables.

Le seul point de vue que nous envisageons est celui du remariage. Aux termes de la loi de 1792, les époux divorcés pouvaient se remarier, même sous l'empire du Code civil, dont l'article 295 interdisait la réunion. Or, nous admettons que les quinze divorces dont nous venons de parler étaient inattaquables en droit ; et nous demandons si les époux divorcés se sont oui ou non remariés, soit avant 1816, soit depuis. Ils ont dû le faire pour légitimer les enfants nés depuis le divorce. Mais l'ont-ils fait ? et, dans le cas de la négative ou s'ils sont morts avant de pouvoir le faire, quelle a été la situation de ces enfants ? C'est un point que nous n'avons pas encore tenté d'éclaircir,

et qu'il serait pourtant intéressant d'élucider tant
pour le juriste que pour l'historien. On ne pourrait
arriver à un résultat sérieux qu'à l'aide des minutes
des notaires et des registres de l'état-civil.

Une autre question à résoudre, ensuite, serait celle
de savoir quelle a été l'influence de la loi de 1816,
abolitive du divorce, sur les divorces prononcés de
1804 à 1816. Le Code civil interdisait le remariage.
Or, s'il n'empêchait pas celui des divorcés avant 1804,
par cette raison que ses prescriptions ne pouvaient
avoir d'effet rétroactif, la loi de 1816, muette sur ce
point, avait-elle néanmoins, en vertu de l'essence
même de son principe, un effet rétroactif sur les divorces prononcés, aux termes du Code civil ? C'est ce
que nous nous réservons de rechercher.

En ce moment, nous ne nous occupons que des
divorces amenés par la loi de 1792. Aux quinze prononcés, deux mois après sa promulgation, pour cause
d'émigration, nous en ajoutons un autre prononcé
pour la même cause en l'an II, entre Anne-Thérèse
Leprestre de la Moustière et Jean-Victor de Nouvion,
et un deuxième en l'an III entre Anne-Jeanne Leleu et
Nicolas-Joseph-Hubert Maubeuge.

Il y en eut donc, en tout, dix-sept pour émigration.
A nos yeux, et pour les motifs que nous avons indi-
qués, s'ils étaient valables légalement, ils ne l'étaient
pas au point de vue de l'intention et de la conscience.

A ces dix-sept divorces, il convient de joindre,
durant cette même période, un divorce par conver-

sion (1) et un divorce par suite d'absence depuis plus
de six mois (2). Ainsi, en moins de deux mois, dix-
neuf divorces.

Mais à partir de l'an II, une véritable épidémie de
divorces sérieux se déclare ; on a comme une fureur
de se quitter pour cause d'incompatibilité d'humeur,
ou par consentement mutuel. En effet le nombre de
divorces, pour ces deux causes, s'élève à soixante-six,
c'est-à-dire à la moitié de tous les divorces prononcés.

Par consentement mutuel il y a eu, du 17 mai 1793
au 8 vendémiaire an XII, trente-quatre divorces. Les
professions des maris sont celles de : fayencier, 1 ;
couvreur, 1 ; marchand, 1 ; perruquier, 1 ; officier de
santé, 2 ; vigneron, 2 ; huissier, 1 ; juge au tribunal
civil, 1 ; cultivateur, 2 ; loueur de chevaux, 1 ; limo-
nadier, 1 ; bourrelier, 1 ; maréchal, 1 ; tapissier, 1 ;
libraire, 1 ; pâtissier, 1 ; secrétaire de mairie, 1 ; sabotier, 1 ; 3 bourgeois. Les professions non indiquées
sont au nombre de 8.

Pour incompatibilité d'humeur et de caractère, il y
a eu, durant la même période, trente-deux divorces.

Les professions des maris sont celles de : vannier, 2 ;
marchand, 3 ; ancien employé des aides, 1 ; ingé-
nieur, 1 ; député, 1 ; cultivateur, 3 ; berger, 1 ; bou-

(1) Marguerite-Pacifique Niquette contre son mari Sé-
bastien Moura, chaufournier à Athies.
(2) Delassère, Jean-Baptiste, armurier à Rozoy, contre
Rosalie Malhéné, sa femme, absente depuis plus de cinq
ans.

cher, 1 ; cordonnier, 1 ; charpentier, 1 ; sabotier, 1 ; peintre, 1 ; tailleur d'habits, 1 ; orfèvre, 1 ; propriétaire, 1 ; 13 professions ne sont pas mentionnées.

Pour abandon depuis plus de six mois, il y eut vingt divorces. On remarque, naturellement, parmi les maris, un certain nombre de militaires.

Nous n'entrerons pas dans plus de détails, nous ne rechercherons pas ce que devenaient les femmes divorcées. Restaient-elles dans leurs pays? Allaient-elles à Paris dans la pension fondée par la citoyenne Neveux, à l'hôtel Soubise, pour les dames en état de divorce ? C'est une question plutôt anecdotique que juridique que nous laissons à d'autres le soin de résoudre.

Nous dirons en résumé qu'il y eut :

Pour émigration, ... 17 divorces.
Par conversion . . . . 1 —
Pour condamnation infamante . . 3 —
Pour sévices et inconduite. . . . 3 —
Pour incompatibilité. . . . . . 32 —
Pour abandon depuis plus de six
   mois. . . . . 21 —
Par consentement mutuel. . . . 34 —
Pour causes non indiquées . . . 13 —

En tout. . . 124 divorces
dans l'espace de douze ans (1792 à 1804).

On a largement profité, comme on le voit, de l'absence ou séparation de fait. Nous laissons de côté, ici, l'émigration, sur laquelle nous nous sommes expliqué.

Mais on a abusé de l'incompatibilité d'humeur et du consentement mutuel.

La plupart des divorcés sont des artisans, cultivateurs et ouvriers.

De 1792 au 22 novembre 1796 (ou frimaire an IV) tous les divorces enregistrés au greffe de Laon sont ceux du district de Laon.

Le 1er frimaire an IV le tribunal départemental est institué, et alors on enregistre jusqu'au 1er thermidor an VIII, non-seulement les divorces du district de Laon, mais ceux de tout le département. C'est pourquoi on constate des divorces des districts de Saint-Quentin, Soissons, Vervins et Château-Thierry.

Au 1er thermidor an VIII (20 juillet 1790) est installé le tribunal de 1re instance de Laon, qui n'enregistre plus que les divorces de sa circonscription.

Si l'on élimine les vingt-sept divorces (1) des autres districts, on trouve en définitive, que pour la circonscription du district ou *arrondissement de Laon* il y a eu du 30 octobre 1792 au 21 vendémiaire an XIII (12 octobre 1804), c'est-à-dire en douze ans, quatre-vingt-dix-sept divorces, soit huit par année.

Parmi tous ces divorces, l'un des plus curieux est celui de la femme de Pierre Jagot, maréchal à Soissons. Veuve en premières noces d'un sieur Laurendeau, elle s'était remariée avec un sieur Gilles, aubergiste. Elle avait divorcé avec Gilles, pour une cause

(1) District de Château-Thierry, 10 ; de St-Quentin, 3 ; de Soissons, 12 ; de Vervins, 2.

qui n'est pas indiquée. Elle s'était remariée avec Pierre Jagot le 30 pluviôse an V, et elle obtenait son divorce d'avec Pierre Jagot le 12 brumaire an VIII.

D'autres divorces prouvent que si l'on s'unissait facilement, on se séparait de même, ou que de vieux époux s'apercevaient, après plus de trente ans, que leurs humeurs étaient incompatibles.

Le sieur Jaquin et la demoiselle Hutin, de Fère, se marient le 22 germinal an III. Ils divorcent au bout d'un an le 26 messidor an IV.

François Hulot et Marie Perot, de Ronchères, se marient le 11 thermidor an III ; ils divorcent dix mois après (10 prairial an IV). Hulot était âgé de soixante ans et sa femme de quarante-cinq.

Lenglebert et Marie Chedenne, de Château-Thierry, mariés le 28 nivôse an VI, divorcent deux ans après (3 nivôse an VIII).

Grouselle, secrétaire de la mairie de Crépy, âgé de trente ans, et Rosalie Renaut, âgée de trente-trois ans, mariés le 20 ventôse an VII, divorcent le 21 thermidor an X, après trois ou quatre ans de mariage.

Alphonse Miremont, propriétaire à Belval, et Caroline Baillet, mariés le 9 floréal au II, divorcent le 30 ventôse an VIII, par consentement mutuel, âgés l'un de quarante-quatre et l'autre de vingt-trois ans.

Un sieur Eugène de Miremont, marié à Madeleine Daubourg, divorce avec elle, le 22 germinal an XI, pour incompatibilité d'humeur.

Duchemin, officier de santé, et Marie Journel, de

La Fère, mariés le 14 juin 1791, divorcent neuf ans après (6 germinal an VII).

Mihot et Louise Defez, de La Fère, se marient le 20 novembre 1793 et restent trois ans ensemble. Puis le mari chasse sa femme qui, en l'an XI, demande le divorce pour abandon de femme et d'enfant.

Deux couples, mariés en l'an III, divorcent en l'an VIII, pour incompatibilité d'humeur.

Deux autres vieux couples divorcent après trente-trois ans de mariage. Ils ont trouvé, eux aussi, qu'a-près une épreuve aussi sérieuse, ils ne pouvaient continuer de cheminer et d'achever, ensemble, leur voyage sur la terre, tant leurs humeurs et leurs carac-tères étaient incompatibles.

Tous ces documents sont tirés du registre du greffe consacré spécialement à l'enregistrement des actes de divorce depuis le 30 octobre 1792 jusqu'au 22 vendé-miaire an XIII (12 octobre 1804).

Il est à noter que l'application du Code civil a eu lieu depuis le 24 ventôse an XI (15 mars 1803) et que, par conséquent, ce registre mentionne des actes de divorce, faits sous l'empire de ce Code pendant un an et sept mois.

Nous nous en sommes tenus à l'analyse de ce re-gistre parce qu'il nous a paru présenter un ensemble complet et authentique.

Nous devons cependant faire remarquer que notre relevé n'est pas d'accord avec celui de M. Brayer (1).

(1) Statistique du département de l'Aisne, t. 1er, p. 89.

Ce remarquable érudit énonce, dans son excellent et important ouvrage, le nombre total de divorces prononcés *dans le département* de *l'Aisne* depuis le 20 *septembre* 1792 jusqu'au 8 *mai* 1816, époque de l'abrogation de la loi. Il en compte 252, dont 100, à dater du 2 septembre 1792 jusqu'à la suppression des tribunaux de district : 56 prononcés par le tribunal du département ; 96 depuis l'organisation des tribunaux d'arrondissement jusqu'en 1816.

Quant à nous, nous ne nous sommes occupés que du tribunal de Laon, soit comme tribunal de district ou d'arrondissement, soit comme tribunal départemental et seulement jusqu'au 12 octobre 1804. En ce qui concerne les divorces prononcés par le tribunal de département, nous devrions être d'accord et nous ne le sommes pas.

Nous avons, il est vrai, examiné les registres de l'état-civil depuis le mois de novembre 1792 jusqu'en 1812. Nous avons constaté dans cet intervalle de vingt-trois ans la transcription de soixante-dix-sept divorces seulement. Ce n'est pas encore là qu'est la vérité (1).

M. Brayer a, sans doute, recueilli ses renseignements dans des rapports administratifs. Peut-être leur précision est-elle la meilleure, peut-être laisse-t-elle à désirer, ou bien le registre du greffe lui-même est inexact. Certains indices nous permettraient de croire

(1) Il y en a 1 en l'an XIV, 1 en 1807, 1 en 1810 ; il n'y en a pas en l'an XII, l'an XIII, en 1808, en 1809, en 1811 et en 1813.

à cette inexactitude. Ainsi, par exemple, quelques divorces prononcés en l'an III ne sont inscrits sur ce
registre qu'en vertu d'un jugement ordonnant l'ins-
cription en date de 1807. Il y a là un mode de pro-
céder dont nous n'avons pas encore découvert la
cause, mais qui, à lui seul, dénote des lacunes.

Cet exposé n'est donc qu'une première indication
que nous nous proposons de compléter jusqu'en 1816.
Après avoir retrouvé, s'il est possible, les documents
propres à nous éclairer, nous rétablirons la véritable
statistique des divorces, sinon dans le département,
du moins dans l'arrondissement de Laon. Les études
de mœurs que nous y puiserons ne seront peut-être
pas inutiles pour nous permettre de mieux faire
apprécier l'évolution que la résurrection du divorce
commence à introduire dans l'ordre social actuel (1).

II

DE 1884 A 1888.

On peut dire que les premiers divorces prononcés
en vertu de la loi de 1884 ont dénoué d'anciennes
situations fausses et cruelles.

Se sont présentées, tout d'abord, des femmes séparées de fait ou de droit de leurs maris depuis un

(1) Voir le Bulletin de la Société académique de Chauny,
de 1886, p. 117 : Mémoire pour une cause de divorce en
l'an VII dont nous n'avons pas retrouvé la trace.

grand nombre d'années, toujours pour les mêmes causes : brutalités, ivrognerie, adultère.

Jeunes, on s'était unis, soit par sympathie, soit par convenance, soit par hasard. Les difficultés de la vie, les chagrins, les vices, avaient relaché le lien. La paresse et la boisson avaient envahi le mari. La femme ne trouvant plus en lui ni ressources, ni protection, l'avait quitté afin de pourvoir à ses besoins et à ceux de ses enfants. Ou bien le mari avait abandonné femme et enfants pour se livrer au vagabondage.

Des existences étranges s'étaient constituées.

D'une manière générale, pendant que le mari s'enfonçait, de plus en plus, dans la fange et dans la misère, la femme, par son industrie avouable ou non, amassait un patrimoine, se créait même une position. Son intérêt était d'éviter que son mari connût sa résidence. Quand, par malheur, elle lui était révélée, il la harcelait de ses demandes d'argent. Pour obtenir sa tranquillité, quelle que fût sa situation au point de vue du droit, elle payait. Mais elle avait toujours à redouter la main-mise du mari sur son administration. En tout état de cause, si elle avait une autorisation à solliciter de lui, aux termes de la loi, c'est alors qu'il exerçait sur elle une sorte de chantage. Elle était enserrée dans une étreinte de fer. Son refus l'obligeait à recourir à justice. C'était toujours la dépense et le servage ou l'exploitation.

Le divorce fut certainement considéré par cette catégorie de femmes courageuses ou très indépendantes, comme le port du salut.

Voici, du reste, les résultats de l'année 1884 :

Cette année-là, la loi était à peine promulguée, que six demandes en conversion étaient intentées, dont cinq par des femmes séparées de corps et une seule par un mari.

C'étaient trois ménages de commerçants, deux de cultivateurs, et un d'ouvrier.

L'un d'eux était séparé depuis près de quatre ans ; un autre depuis plus de cinq ans ; trois depuis plus de dix ans ; et un depuis plus de vingt ans ! Deux seulement étaient sans enfants.

L'un des divorces avait pour cause l'adultère de la femme. Les cinq autres furent prononcés pour excès et sévices.

Deux de ces femmes avaient été, sans cesse, entra-vées par leur mari, dans leurs opérations commer-ciales. Ils ne leur donnaient d'autorisation que moyen-nant finances.

Le mari d'une autre, après la séparation prononcée, s'était associé d'une concubine, dont il avait eu sept enfants, qu'il élevait. C'est cet homme qui en pleine audience, s'écria : « A quoi bon tant de frais et de formalités ? On peut vivre comme on veut ! »

La femme d'un sieur X... avait, depuis sa sépara-tion de corps, donné le jour à un enfant dont son mari avait obtenu le désaveu.

Durant cette année 1884, il y eut sept séparations de corps, dont six à la requête de la femme. Ceci dit pour mémoire.

2

En résumé, sept séparations de corps et six divorces sur conversion.

En 1885, on a admis dix-sept divorces et six séparations de corps. Trois divorces ont été intentés par le mari, quatorze par la femme, et les six séparations de corps également par la femme. Sept ménages étaient sans enfants, seize en avaient. Il y a quatorze ménages de journaliers et cinq de domestiques. Trois ont été unis de un à cinq ans, neuf de cinq à dix, onze de dix à vingt. Trois divorces sont admis pour adultère du mari, trois pour adultère de la femme, un pour une condamnation à une peine afflictive et infamante.

La demande en conversion la plus notable est celle de M. de..., fils d'un ancien magistrat. Il avait épousé une paysanne, malgré la volonté de son père. Peu de temps après le mariage, sa femme obtint, contre lui, sa séparation de corps. Depuis quinze ans, il vivait, seul, errant de ville en ville, et servant à sa femme une pension de 1,500 francs, quand survint la loi de 1884. Il demanda la conversion. Sa femme s'y refusa en arguant de ses principes religieux. Mais, chose pénible à consigner, quand elle sut que son mari continuerait à lui payer sa pension, une révolution singulière s'opéra dans son esprit ; elle retira son opposition.

Deux autres affaires méritent une mention spéciale.

En 1883, un jeune homme vint s'établir, comme journalier, dans un certain village. On ne savait d'où il était. Mais il se montrait joyeux compagnon. Il avait la parole facile, la main large, un air de citadin.

Son entrain était diabolique, ses manières celles d'un Lovelace de faubourgs. Une toute jeune fille honnête, d'une condition modeste, mais sans dot, s'en éprit. On les maria. Aussitôt après la cérémonie religieuse, au moment où l'on se mettait à table, la gendarmerie apparut pour arrêter le mari. Qui était-il donc ? Un ancien commis de banque, qui avait volé son maître et qui avait réussi à se cacher dans ce village. La jeune femme demanda la nullité de son mariage. Le droit canon la lui eût accordée, pour la cause que l'on devine. Le Code civil ne le pouvait pas. Sa position était cruelle, il faut en convenir. C'est alors que la loi de 1884 fut promulguée et qu'elle obtint son divorce, en se basant sur l'arrestation et la condamnation de son mari, survenues dans les circonstances rappelées tout à l'heure, ce qui a fait dire à quelques-uns que le divorce avait du bon.

Il y a vingt ans, un jardinier se maria avec une fille de sa condition. Puis, il l'abandonna pour vivre avec une autre. La délaissée s'ingénia, travailla et parcourut longtemps le monde, avec un entrain peut-être suspect. Son commerce international la conduisit, même, assez souvent, à Constantinople. En définitive, elle recueillit une fortune et s'établit à Paris. Le divorce édicté, elle le demanda. Lorsque les deux époux se rencontrèrent face à face, ils ne se reconnurent pas. L'un était resté un ouvrier rude et grossier, aux traits durs, aux mains calleuses. La femme avait les allures d'une grande dame, mise avec une recherche de bon goût, ayant les manières du meilleur monde ! Pour l'obliger à ne pas plaider et à faire défaut, on sup-

pose qu'elle a financé. Du reste, il vivait ostensiblement en concubinage avec une gourgandine dont il
avait un fils.

On pourrait citer deux autres faits semblables. Une
jeune femme, abandonnée, se livra à la prostitution
et se retrouva en présence de son mari, véritable
dandin de village, valet de ferme, vêtu d'habits puants,
quand Madame, svelte, souriante et pomponée comme
sortant d'une boîte à surprise, le toisait du haut de
sa collerette en dentelle, chapeau mousquetaire sur le
côté. Apparition chatoyante, frétillante et fantastique,
gâtée, il faut le dire, par l'impur langage de l'aven-
turière de bas étage.

Une autre, simple et courageuse, avait amassé du
pain pour ses vieux jours. Elle vint s'expliquer avec
un ivrogne dégoûtant et sordide, qui lui demanda tout
simplement les frais de son voyage pour faire défaut !

Enfin, méritent d'être passées sous silence certaines
affaires ignominieuses, caractéristiques seulement au
point de vue d'une dépravation que l'on peut constater à toute époque et dans toutes les classes de la
société.

Les partisans du divorce peuvent soutenir que beaucoup des premières femmes qui ont invoqué le divorce
avaient mille raisons excellentes pour l'obtenir. Mais,
peu à peu, le cercle s'est élargi. Des agents d'affaires
s'en sont mêlés. Ils ont tarifé les demandes en divorce comme ils ont tarifé les plaintes. On a vu arriver soit devant le bureau d'assistance judiciaire, soit
devant le tribunal une couche nouvelle de solliciteurs.

La plupart de leurs griefs étaient vagues, leurs accusations sans preuves. Presque toutes s'imaginaient que, dès lors qu'elles avaient obtenu l'assistance judiciaire, elles n'avaient plus à s'occuper de rien. Aussi laissaient-elles leurs avoués sans renseignements. C'étaient ces messieurs qui devaient rechercher et préciser les motifs du divorce et les témoins à produire. Voilà pourquoi les unes ont échoué et les autres sont restées en chemin, c'est-à-dire faute de volonté ou de faits constants et prêts à être démontrés.

On remarquera, peut-être, que nous ne parlons que des femmes. C'est que les femmes sont, la plupart du temps, les victimes dans le mariage, au moins ostensiblement. Ce sont le plus souvent, elles, qui postulent et obtiennent la séparation ou le divorce. Le juge voit le fait brutal ; il peut rarement en apprécier la vraie cause ou en tenir compte. En effet, comment deviner ces motifs intimes et subtils, qui, par leur succession impitoyable, ont amené un jour le mari à un excès qu'on ne pardonnera pas ? Une femme peut être un dragon de vertu, mais elle est d'un caractère pointilleux ou acariâtre tel qu'à bout de contrariétés et d'agaceries, le mari frappe. C'est le mari qui aura tort devant la loi. Ou bien, semblable à ce doux et patient animal qui n'est pas l'emblème de la fidélité, elle poursuit, d'une manière féline, le but de surexciter son mari, pour se délivrer de son joug. Elle arrive au même dénouement. C'est encore lui qui aura tort.

Si l'on peut s'exprimer ainsi, le véritable triomphe du mari, en matière de divorce, c'est l'adultère. Et, malheureusement, il triomphera souvent, depuis la promulgation de la loi, parce qu'il se mariera plus légèrement qu'auparavant.

Cette observation paraît avoir une sanction, déjà indiscutable, dans plusieurs affaires qui se sont produites.

Le sieur A... revient du service militaire. Ses parents lui désignent une jeune fille qui a pour dot une ferme de 30,000 francs. Il l'épouse les yeux fermés, sur la foi de ses parents. Au bout de trois mois de mariage, il la surprend en flagrant délit d'adultère, et, s'entourant alors de renseignements, lui-même, il apprend qu'avant de l'épouser elle était une des coquines du pays les plus dévergondées.

Un homme de cinquante-six ans épouse une veuve de cinquante-deux ans. Au bout de six mois il demande le divorce pour la même cause. Il l'avait trouvée en flagrant délit, avec un jeune homme de vingt-six ans, dans le même lit qu'un autre homme et une autre femme vivant en concubinage! Quand on lui demanda s'il connaissait sa femme depuis longtemps avant de l'épouser et s'il s'était renseigné sur ses antécédents, il répond : « Non. C'était une étrangère. Elle est venue habiter mon village. Je l'ai vue. Elle m'a plu. Je l'ai épousée presque aussitôt. » Cet homme était un artisan dans une bonne position de fortune.

Un sieur X... épouse une fille unique. Ses parents veulent la garder chez eux. Le gendre y consent. Mais on ne s'entend pas. X... s'en va. Sa femme refuse de le suivre. Il fait tout ce qu'il peut pour l'emmener. Nouveaux refus. Alors il prend une maîtresse et se livre à la boisson. Demande en divorce de la femme. X... promet de se ranger si sa femme veut venir habiter avec lui et chez lui. Nouveaux refus. L'action se suit. Le divorce est admis en faveur de la femme. On suspend pendant six mois avant de le prononcer. Pas de réconciliation. Alors on le prononce. On condamne toutefois la femme X... au tiers des dépens. Tout cela en moins d'un an !

Au bout d'un an et demi d'application de la loi, c'est-à-dire en 1886, la scène change. Apparaissent, sur 'elle, ceux-là qui auraient le plus besoin de se soutenir et de s'accorder pour supporter les lourdeurs de la vie : les pauvres gens. Il faut avouer, il est vrai, que c'est parmi eux que la femme a le plus à souffrir. A bout de coups et de misères, abreuvée de dégoûts, et ses enfants criant la faim, elle court vers le divorce comme vers un abri. Quand sa demande est sérieuse, et sous les réserves faites plus haut, elle se trouve puissamment aidée par la loi sur l'assistance judiciaire.

Ici, encore, nous produisons des exemples.

Trois maris ont constaté, il est vrai, la prostitution, l'ivrognerie et l'adultère de leur femme, l'un trois ans, l'autre cinq ou six ans, l'autre six mois après le mariage.

Mais vingt-sept femmes ont demandé le divorce, et six femmes particulièrement ont subi de telles violences, de tels outrages de la part de maris devenus brutaux, ivrognes, paresseux et voleurs, qu'elles n'ont pu résister longtemps à une pareille existence. Il y avait parmi eux un ancien huissier et un ancien facteur rural.

En somme, en 1886, le tribunal a prononcé vingt-cinq divorces sur demande principale, deux sur conversion, dont quinze pour excès, sévices et injures graves, et treize pour adultères (quatre de la femme, neuf du mari). Six séparations de corps ont été prononcées, l'une pour adultère du mari, cinq pour excès, etc. En tout trente-trois dissolutions ou relachechement du lien conjugal, provoqués: six par le mari, et vingt-sept par la femme. Dix-neuf ménages étaient sans enfants ; treize ont d'un à cinq ans de mariage, onze de cinq à dix, six de dix à vingt. Il y a cinq ménages de marchands, deux de cultivateurs, dix-sept d'ouvriers, six de domestiques et trois de personnes sans profession.

Enfin, en 1887, il y a eu quarante-deux demandes principales en divorce, dont douze intentées par le mari et trente par la femme, y compris trois sur conversion. Elles ont été répondues de cinq demandes reconventionnelles seulement.

Treize ménages avaient des enfants, et vingt-neuf étaient sans enfants.

Dix-neuf sont des ménages d'ouvriers de tout genre, quinze sont des ménages de domestiques, deux de cultivateurs, trois de commerçants, deux seulement de propriétaires, rentiers ou exerçant des professions libérales.

La durée des mariages, au moment de la demande,

était de un à cinq ans pour neuf, de cinq à dix ans
pour vingt-huit, et de dix à vingt pour cinq.

La plupart des actions intentées par les maris ont
pour cause l'adultère de la femme : sept sur douze en
1887.

L'action de la femme a presque toujours pour motif
des excès, sévices ou injures graves. Sur trente demandes, deux seulement sont basées sur l'adultère du
mari. La femme est souvent abandonnée par son
mari, soit peu de temps après le mariage, soit quelques années après. L'alcoolisme et la paresse en sont
la cause ; le mari devient bientôt vagabond et voleur.
Nous sommes en 1887 et les faits remarqués plus haut
se reproduisent. Ainsi, le mari harcèle sa femme de
demandes de secours. Si elle recueille un petit héri-
tage, il veut s'en emparer. Si une autorisation maritale
lui est nécessaire, il la lui fait payer. Si elle a des enfants, elle peut à peine pourvoir à leurs besoins et aux
exigences de son mari. Et ici, nous ne pouvons nous
dispenser de déplorer le sort de cette malheureuse.
L'homme qui oublie ses devoirs envers sa femme les
oublie envers ses enfants. C'est la mère qui en a
presque toujours la charge. Aussi sommes-nous sur-
pris qu'une peine ne flétrisse pas le père qui les a
complètement abandonnés à la mère seule. Dans ces
circonstances elle se décide à demander le divorce.
Quelques-unes déclarent franchement qu'elles ne le
demanderaient pas si elles étaient sûres que leurs
maris les laissent tranquilles dans le présent et dans
l'avenir.

Quatre demandes en divorce ont été rejetées et trente-huit admises en 1887. A côté de ces divorces, neuf séparations de corps ont été accordées à des femmes.

Ainsi, cette année-là le tribunal a prononcé trente-huit fois la rupture du lien conjugal et neuf fois son relachement.

En 1888, il a été prononcé trente-cinq divorces et quatre conversions, en tout trente-neuf divorces, dont un pour adultère du mari, un pour adultère de la femme, les autres pour excès, etc. Ils l'ont été en faveur de vingt-neuf femmes et de dix maris. Vingt-sept ménages étaient sans enfants. Les autres en avaient de un à cinq. La plupart sont des ménages de manouvriers : onze ont de quatorze à vingt ans de durée, un seul vingt-huit, vingt-deux de sept à quatorze, un autre six, un autre quatre, et deux autres trois à peine. On a prononcé aussi cinq séparations en faveur de cinq femmes.

Le flot a donc toujours monté. Il envahit, maintenant, surtout, la classe des ouvriers et des gens de service.

Pour résumer la situation, après quatre ans et demi d'application de la loi, disons qu'en 1884 on a prononcé 6 divorces; en 1885, 17; en 1886, 27; en 1887, 42; en 1888, 39. En tout 131.

Impossible de ne pas faire, à ce propos, une remarque importante.

On a vu que de 1792 à 1816, c'est-à-dire pendant près de 24 ans, le nombre de divorces, *dans le dé-*

partement de l'Aisne, s'était élevé, selon M. Brayer, à 252 (soit près de 10 par an).

Depuis 1884, dans l'espace de quatre ans et demi, *il est de 131 dans l'arrondissement de Laon* seulement, c'est-à-dire dans le cinquième du département (soit plus de 20 par an).

Notons que le consentement mutuel, qui en a amené beaucoup autrefois, n'est pas encore permis aujourd'hui. Hélas ! quand on approfondit un peu les considérations et les mobiles humains, on sent qu'au fond de ces luttes judiciaires maritales il y a un désir ardent et réciproque de détruire un lien qu'on a eu souvent bien de la peine à créer.

En présence de pareils faits, il est difficile de partager l'avis de ceux qui prétendent que le divorce n'entre point et n'entrera pas dans nos mœurs, comme il est entré dans nos lois. Qu'on y réfléchisse bien, si en 1884 il y a eu quinze conversions qui réglaient définitivement des situations d'ancienne date, en 1886 et 1887 il n'y en a plus que cinq, et en 1888 quatre.

A l'encontre de Paris, le divorce est plus fréquent dans les classes pauvres et dans les professions manuelles, que dans les classes aisées. D'après les statistiques du Dᵗ Jacques Bertillon, à Paris, les professions libérales et les rentiers et oisifs, notamment, fournissent un assez fort contingent.

Certains humoristes en ont conclu que les jeunes filles devront éviter surtout d'épouser un homme qui ne fait rien, à moins qu'elles ne tiennent à essayer bientôt du divorce. D'autres ont remarqué que les ménages qui ont le plus d'enfants sont ceux qui divorcent le moins. D'autres enfin, se basant sur des observations faites en Suisse, en Allemagne, en Belgique et en Hongrie, affirment qu'un mari beaucoup plus âgé que sa femme ne divorce presque jamais, tandis qu'au contraire la femme, mariée à un homme plus jeune qu'elle, arrive fréquemment à demander le divorce.

Nous ne pouvons point, encore, en France, aboutir à toutes ces conclusions. L'expérience est insuffisante. Nous pouvons, toutefois, dès à présent, constater que, dans ce département, comme à Paris, ce sont les ménages sans enfants qui intentent le plus de demandes en divorce, et que le divorce devient de plus en plus fréquent, surtout dans les classes besoigneuses.

Ce sont là des faits accomplis. Quels sont ceux à prévoir ? La loi du divorce n'exerce-t-elle pas, déjà, une influence secrète, autant que singulière, sur les mœurs conjugales ? Pourquoi tant de séparations de fait et momentanées ? Pourquoi tant d'époux, plus ou moins fatigués, peut-être, de la vie commune, s'en vont-ils, par exemple, la femme à Paris, le mari dans ses terres ? Pourquoi n'affichent-ils leur union que d'une façon intermittente ? Faudrait-il croire que la femme, qui, le plus souvent, apporte la fortune, ait exigé une indépendance plus complète ? A-t-elle fait apparaître, dans un sous-entendu, le fantôme du divorce, au cas où l'on entraverait par trop ses allures d'émancipation ? Ces unions, discontinués comme certaines servitudes, ont une marche ascensionnelle ainsi

que les divorces eux-mêmes. Il est des esprits chagrins
qui ne craignent pas d'assimiler cette marche à celle
du suicide et d'établir un parallélisme d'effets entre le
suicide et le divorce au point de vue social. L'un et
l'autre, disent-ils, sont des dissolvants. Ils citent Rome
et les désordres qu'ils y engendrèrent. Contre eux
s'élève l'école, sinon des stoïciens, assez rares à notre
époque, du moins des sceptiques et de certains quasi-
jansénistes, en même temps que l'école des partisans
du divorce s'appuyant, pour protester, sur l'exemple
et l'expérience de nations modernes.

Quoi qu'il en soit, il n'en est pas moins vrai que,
frères ou non, par la virilité ou la lâcheté, par l'é-
goïsme ou l'indépendance, le divorce et le suicide
prennent, chaque année, une importance numérique
plus grande. Pour les divorces, on vient de le constater. Pour le suicide, après avoir rappelé que M. Des-
maze, ancien Procureur de la République à Laon, a,
dans le Bulletin de la Société académique, montré que,
de 1820 à 1852, le nombre des suicides s'était élevé de
18 à 41, nous dirons que, depuis 40 ans, environ, ce
nombre a doublé. Ainsi, en 1885 il a été de 75, en 1886
de 63, en 1887 de 78, et en 1888 de 76. Prétendra-t-
on que l'épidémie ou le remède du divorce doublera ou
triplera ses ravages ou ses bienfaits en moins de temps ?
N'hésitons pas à faire remarquer que tout porte à le
supposer. On sent déjà comme une commotion, comme
un ébranlement mystérieux dans les idées et dans les
mœurs, dont la société conjugale subira les fortes
atteintes, en bien ou en mal, avant le xx° siècle.

De tout ce que nous venons de dire, on ne retiendra, assurément, que les impressions et les notes statistiques. Nous nous abstiendrons, bien entendu, de tout commentaire et de toutes réflexions. Mais nous pensons que, dès à présent, ces remarques méritent d'être soumises aux méditations de tous.